Die schönsten Segenswünsche aus Irland und aller Welt

Weltbild

GESEGNET SEIEN JAHR UND TAG

Was heißt das: segnen – ein Segen sein? Nehmen wir an: Ein Acker ist trocken. Es liegt Saat in ihm, aber es ist trocken. So wächst nichts. Nun setzt Regen ein, die Saat geht auf und wächst. Der Regen segnet, das heißt: Er hilft, dass etwas aufgeht, dass etwas wächst, dass etwas gedeiht. Wenn Gott seinen Segen über uns ausspricht, dann wächst etwas in uns, es gedeiht etwas, es reift Frucht. Es wächst aus Mühe und Leid, aus Fröhlichkeit und Stille die Frucht für dieses Leben und für die Ewigkeit. Der Same springt auf und wird frei; und aus einer Erde, aus der scheinbar nichts zu erwarten war, wächst Vertrauen, wächst Dankbarkeit. Am Ende steht ... die Ernte ...
Alle Gestalten des Segens sprechen von einem Zusammenhang zwischen Geist und Seele und Leib, zwischen Gott und Welt, Sichtbarem und Unsichtbarem. Immer hat der Segen es zu tun mit der Einwirkung einer geistigen Kraft auf leibliches, sichtbares, konkretes Leben. Immer erfüllt er sinnenhaftes, irdisches Leben mit einem Sinn, der anderswo herkommt.

Jörg Zink

G. Caillebotte: Die Ebene bei Gennevilliers, 1884 ▶

SEGEN AUS DER BIBEL

Der Herr denkt an uns, er wird uns segnen.
Der Herr wird alle segnen, die ihn fürchten,
segnen Kleine und Große.
Seid gesegnet vom Herrn,
der Himmel und Erde gemacht hat.

Aus Psalm 115

D. Alfani nach Raffael: Gottvater mit Engeln, 1520 ▶

SEGEN ZUM NEUBEGINN

Du Gott aller Anfänge, segne uns,
wenn deine Stimme uns lockt zu Aufbruch und Neubeginn.
Du Gott aller Anfänge, behüte uns,
wenn wir loslassen und Abschied nehmen,
wenn wir dankbar zurückschauen
auf Segen und Ernte der gemeinsamen Zeit.
Du Gott der Anfänge, lass dein Angesicht leuchten über uns,
wenn wir in Vertrauen und Zuversicht
einen neuen Schritt wagen auf dem Weg des Glaubens.
Du Gott aller Anfänge, sei uns gnädig,
wenn Angst uns befällt vor dem Tor in ein unbekanntes Land,
wenn wir Schutz suchen bei dir vor den Stürmen der Nacht.
Du Gott der Anfänge, lege dein Angesicht auf uns,
wenn unser Herz sich sehnt nach Wärme und Glück,
nach Freundschaft und Begegnung.
Lass den Segen deines Lichtes mit uns sein.
Du Gott aller Anfänge, schenke uns ein gutes Leben.

Aus Irland

E. Bracht: Der Pflüger, 1916 ▶

NEUJAHRSSEGEN – AVINU MALKEINU

Höre unser Gebet,
habe Mitleid mit uns und unseren Kindern.
Hilf uns und setze ein Ende der Krankheit,
dem Krieg und dem Hunger,
damit aller Hass und alle Unterdrückung
von der Erde verschwinden.
Trage uns ein in das Buch des Lebens,
damit wir gesegnet sind,
und lass das neue Jahr
ein gutes Jahr für uns werden.

Aus Israel

J. de Flandes: Jesus und die kanaanäische Frau, 1500 ▸

SEGEN ZUM JAHRESWECHSEL

Segne den ersten Tag, mein Gott,
und den letzten.
Meine Hände mögen segnen,
was sie anfassen.
Meine Ohren mögen segnen,
was sie hören.
Meine Augen mögen segnen,
was ihnen begegnet.
Mein Mund möge segnen mit jedem Wort.
Meinen Nachbarn segne ich,
und er möge mich segnen.
Lass mich nicht aus deinen Augen, o Gott,
aus deinen Händen,
aus deinem Ohr,
aus deinem Herzen,
an diesem Tag und allen Tagen des Jahres,
das kommt.

Jörg Zink

Buchmalerei: Illustration zu »Splendor Solis«, 1580 ▶

SEGNE MEINE ZEIT, MEINEN TAG

Schöpfer meiner Stunden und Jahre,
du hast mir viel Zeit gegeben.
Sie liegt hinter mir und wird mein,
ich habe sie von dir.
Ich danke dir für jeden Schlag der Uhr
und für jeden Morgen, den ich sehe.
Ich bitte dich nicht,
mir mehr Zeit zu geben.
Ich bitte dich um mehr Gelassenheit,
jede Stunde zu füllen.
Jede Stunde ist wie ein Streifen Land.
Ich möchte ihn aufreißen mit dem Pflug.
Ich möchte Liebe hineinwerfen,
Gedanken und Gespräche,
damit viel Frucht wächst.
Segne du meinen Tag. Amen

Jörg Zink

V. van Gogh: Zypresse gegen den Sternenhimmel, 1890 ▶

SEGEN AM MORGEN

Mit Segen lass mich heut aufstehn,
Herr Gott, in deinem Schutze gehn
und reiten, wohinaus mein Weg sich kehre.
Herr Christ, durch mich gib an den Tag,
was deiner Güte Kraft vermag,
und steh mir bei zu deiner Mutter Ehre.

Wie ihr der Engel half, der gute,
und dir, der in der Krippe ruhte,
jung als Mensch, als Gott so alt;
demütig vor dem Esel und dem Rinde
und doch mit himmlisch treuem Sorgen,
hielt dich Gabriel geborgen.
Ganz in Reue ohne Spott,
so schütz auch mich,
dass man nicht falsch mich finde,
noch lässig gegen dein Gebot.

Walther von der Vogelweide

C. D. Friedrich: Sonnenaufgang bei Neubrandenburg, 1835 ▶

SEGEN BEIM AUFSTEHEN

Ich lege an die Kraft des Himmels,
das Licht der aufgehenden Sonne,
die Strahlen des bleichen Mondes,
den Glanz des Feuers,
die Beständigkeit der Erde,
die Härte eines Steines.
Ich lege an
Gottes Kraft als mein Steuer,
Gottes Macht als meine Stütze,
Gottes Weisheit als meinen Weg,
Gottes Auge als mein Sehen,
Gottes Ohr als mein Hören,
Gottes Wort als meine Sprache,
Gottes Hand als meinen Schutz,
Gottes Weg als meine Zukunft.
Ich lege an die Kraft des Herrn, bekenne ihn,
der mich erschuf, als meinen Gott.

Aus Irland

Brie-Comte-Robert, Kirche Saint-Étienne: Sonne, 1550 ▶

TISCHSEGEN

Wer könnte das Brot brechen, ohne daran zu denken,
dass du es gesegnet und gebrochen hast
im Kreis deiner Jünger?
Segne auch das Brot auf unserem Tisch.
Die Kraft dieses Brotes und deines Segens
stärke uns und schenke uns
Freude an unserem Zusammensein.

Wer könnte Brot essen, ohne sich zu erinnern,
dass du deine Jünger aufgefordert hast,
Brot und Fisch und alles zu teilen,
und sei es noch so wenig,
damit wie damals so heute
Tausende satt werden
im Süden und Norden,
Osten und Westen, rund um den Erdball:
satt und eins wie eine einzige Familie durch deinen Segen!

Aus Griechenland

Fra Angelico: Das letzte Abendmahl, 1450 ▶

SEGNE DEN TAGESLAUF

Morgens, mittags, abends loben wir dich,
Gebieter über das All, wir preisen dich,
wir danken dir und bitten dich,
menschenfreundlicher Herr,
lenke unser Gebet in deine Gegenwart,
und lass unsere Gedanken nicht abirren,
sondern befreie uns von allem,
was unserer Seele schaden kann.
Zu dir, Herr, erheben wir unseren Blick
und auf dich setzen wir unsere Hoffnung,
aus deinem Segen leben wir.
Denn dir gebührt aller Ruhm,
alle Ehre und Anbetung,
dem Vater, dem Sohn und dem Heiligen Geist,
jetzt und allezeit und von Ewigkeit zu Ewigkeit. Amen

Aus Russland

A. Macke: Kinder am Brunnen mit Stadt im Hintergrund, 1914 ▶

GESEGNET SEI MEIN SCHLAF

Wie die Erde sich nach den Sternen sehnt,
sehne ich mich nach der Heimat meines Schlafes.
Möge der Zimmerer des Schlafes
ein Dach für meine wache Seele errichten.
Möge der Weber der Träume ein Gewand weben,
um den Schlaflosen zu bedecken.
Möge der Schoß der Nacht
eine Wiege der Ruhe für Ruhelose werden,
damit ich wieder in das Haus des Schlafes einkehre.

Aus Irland

F. Francken: Jakobs Traum von der Himmelsleiter, 1620 ▶

REICH AN SEGEN BIST DU

Gott, Du bist der Friede.
Von Dir kommt der Friede,
und zu Dir kehrt der Friede zurück.
Darum belebe uns, Herr, durch Deinen Frieden,
und führe uns in den Garten,
die Stätte deines Friedens.
Segensreich und erhaben bist Du,
Herr der Majestät und Gnade.

Segen beim Freitagsgebet der Muslime in aller Welt

V. van Gogh: Sternennacht über der Rhone, 1888 ▶

SONNTAGSSEGEN

Segne, mein Gott, diesen Tag der Ruhe,
segne den gleichmäßigen Fluss
meines Atems und die Freiheit,
die mich still werden lässt in dir.

Segne die Augenblicke,
in denen ich mich meinen Träumen hingeben kann
und den schöpferischen Kräften nachspüren darf,
die mir aus der Tiefe meiner Seele zuwachsen,
um in der vor mir liegenden Woche
meine Aufgaben wieder
mit neuer Lebensenergie anpacken zu können.

Segne, mein Gott,
diesen Tag der Ruhe,
damit ich ihn feiern kann
als eines deiner großen Geschenke an mich.

Christa Spilling-Nöker

J. H. L. Marr: Nach dem Kirchgang, 1840 ▶

GESEGNET SEIEN AUFBRUCH UND HEIMKEHR

Das Leben ein Lobgesang – das ist das Ideal der irischen Mönche, denen weite Teile Deutschlands den christlichen Glauben verdanken. Dazu gehören unabdingbar: Leidenschaft für das Gute, Schöne, Einfache, das sich in den ganz alltäglichen Handlungen entdecken lässt, und die Liebe zum Gebet. Dem benediktinischen Lebensmotto »Bete und arbeite« verwandt, rät ein irischer Mönch: »Beginne in jeder Haltung und Handlung zu beten.«

Aus dieser Zielsetzung heraus sind Segenssprüche geboren für das Säen und Pflanzen, Fischen und Jagen, die Elemente der Schöpfung, die Gezeiten der Lebensreise. Nichts bleibt ausgespart. Ohne den Segen Gottes fehlt unseren alltäglichen Handgriffen und den Dingen die Seele, die zentrierende Mitte, der alles ordnende Bezugspunkt. Der Segen aber, aus ganzer Aufmerksamkeit und ganzem Herzen gesprochen, vernetzt uns mit der Urkraft des Lebens und gibt allem tieferen Sinn.

Norbert Weidinger

B. Goos: Heimkehr von der Heuernte, 1861 ▶

SEGEN AUS DER BIBEL

Alle diese Segnungen werden über dich kommen und
dich erreichen, wenn du auf die Stimme des Herrn,
deines Gottes, hörst:

Gesegnet bist du in der Stadt, gesegnet bist du auf dem Land.
Gesegnet ist die Frucht deines Leibes, die Frucht deines Ackers
und die Frucht deines Viehs, die Kälber, Lämmer und Zicklein.
Gesegnet ist dein Korb und dein Backtrog.
Gesegnet bist du, wenn du heimkehrst,
gesegnet bist du, wenn du ausziehst.

Der Herr befiehlt dem Segen, an deiner Seite zu sein:
in deinen Speichern und bei allem,
was deine Hände schaffen.
Der Herr segnet dich in dem Land,
das er, dein Gott, dir gibt.

Aus Deuteronomium /5 Mose 28, 2–8

Vetralla, Kirche San Francesco: Der heilige Antonius, 1475 ▶

SEGEN VOR DER AUSFAHRT

Der du wohnst im Himmel,
der du die Tiefen der Meere kennst,
führe uns durch wilde Wogen
zum sicheren Hafen.
Segne die Schiffsleute und das Schiff,
segne Anker und Ruder,
Segel und Mast,
dass sie stark sind vor dem Wind
und wir in Frieden heimkehren.
Zähme den Nordwind und seine Wut,
damit wir heil unser Ziel erreichen.
Ich halte das Steuer in Händen
und rufe dich an, du Gottessohn:
Sei mein Lotse, steh mir bei in Sturm und Flauten,
lege deine Hand an das Ruder,
lege Hand an die Segeltaue.
Der du der Herr bist aller Elemente: Hilf.

Jörg Zink

C. Monet: Strand in Sainte-Adresse, 1867 ▶

SEGEN FÜR DEN LEBENSWEG

Der Herr segne dich und behüte dich
von Kindesbeinen an bis ins hohe Alter
vom ersten bis zum letzten Schritt

Der Herr lasse sein Angesicht über dir leuchten
als Licht für alle deine Wege
und müsstest du auch wandern
durch finstere Schlucht
und sei dir gnädig

Der Herr wende sein Angesicht dir zu
wie Liebende sich einander zuwenden
um nicht einsam zu sein in Höhen und Tiefen
Freud und Leid
und schenke dir Heil

Segen des Aaron aus dem Alten Testament,
erweitert durch Norbert Weidinger

V. van Gogh: Die Kirche in Auvers, 1890 ▶

SEGEN FÜR EIN NEUGEBORENES

Ein Tröpfchen vom Vater
auf deine kleine Stirn, mein Liebling.
Ein Tröpfchen vom Sohn
auf deine kleine Stirn, mein Liebling.
Ein Tröpfchen vom Geist
auf deine kleine Stirn, mein Liebling.
Einen Wasserspritzer für deine Gestalt,
für deine Stimme,
für deine süße Sprache.
Ein Wasserspritzer für dein Glück,
für dein Wohlwollen,
für deine Gesundheit.
Ein Wasserspritzer für deinen Hals,
für deinen Mut,
für deine Liebenswürdigkeit;
neun Wasserspritzer für deine Liebenswürdigkeit.

Aus Irland

E. B. Leighton: Der Schlossherr, 1890 ▶

SEGEN FÜR DIE KLEINEN

Gott gebe dir
für den Sturm einen Regenbogen,
für jede Träne ein Lachen,
für jede Sorge eine Aussicht
und eine Hilfe in jeder Schwierigkeit.
Für jedes Problem, das das Leben schickt,
einen Freund, es zu teilen,
für jeden Seufzer ein schönes Lied
und eine Antwort auf jedes Gebet.

Markus Thür

P. Modersohn-Becker: Knabe am Weg unter Birken, 1900 ▸

SEGNE DEN AUFBRUCH

Du Gott des Weges
segne uns

sei du der Traum
der Sehnsucht zeugt
sei du die Kraft
die dic Entscheidung trifft
sei du das Vertrauen
das sich stellt

segne den Aufbruch

behüte was ich zurücklasse
schütze das Neue das ich wage
begleite mich beim ersten
Schritt

Andrea Schwarz

E. R. Frampton: Sympathie zwischen Land und Himmel, 1910 ▶

SEGEN EINER MUTTER ZUM ABSCHIED

Gottes Freude sei auf deinem Angesicht.
Freude allen, die dich sehen.
Gottes Arm schütze deinen Nacken.
Die Engel Gottes stehen dir bei.

Bei Tag und Nacht sei dir Freude vergönnt,
Freude an Sonne und Mond,
Freude bei Männern und Frauen,
wo immer du hingehst, zu Land und zu See.

Glück bringe dir jede Jahreszeit.
Jede Zeit erstrahle von Heiterkeit.
Jede Zeit erglänze von Fröhlichkeit.
Und Friede wachse zwischen dem Sohn der Maria und dir.

Zuflucht gebe dir der Gott des Lebens.
Zuflucht auch der liebende Christus.
Zuflucht gebe dir der Geist der Gnade.
Wie Freunde mögen sie dir helfen,
mein Kind, du Liebling meines Herzens.

Aus Irland

V. van Gogh: Der Maler auf dem Weg zur Arbeit, 1888 ▶

SEGEN DEN LIEBENDEN

Weit wie das Meer ist die Liebe,
unendlich weit und still und unruhig,
blau wie der Himmel und schwarz wie die Nacht,
ein Lebensraum, ein Lebensgrund für Wasservögel,
Fische, Pflanzen aller Art.
Wer könnte das Meer zerstören und wer die Liebe?
Der Mensch – wir selbst vielleicht?

Weit und schön wie das Meer ist die Liebe
und doch auch bedroht.
Deshalb erbitten wir den Segen Gottes
für die Liebenden und ihre Hoffnung,
dass ihre Liebe aller Bedrohung trotzt
und stärker ist als der Tod.

Gertrud und Norbert Weidinger

M. Chagall: Abend am Fenster, 1950 ▶

HOCHZEITSSEGEN

Der Herr segne eure Hände und alles,
was ihr damit vollbringt,
damit sie zart und behutsam sind,
dass sie halten können, ohne zur Fessel zu werden,
dass ihnen innewohne die Kraft,
zu helfen, zu trösten und zu segnen.
Der Herr segne eure Augen,
dass sie das Kleine und Unscheinbare nicht übersehen,
dass andere sich wohl fühlen können unter ihrem Blick.
Der Herr segne eure Ohren,
dass sie hellhörig seien für die Stimmen der Not,
dass sie verschlossen seien für den Lärm und das Geschwätz.
Der Herr segne euren Mund,
dass nichts von ihm ausgehe, was verletzt und zerstört,
dass er aufrichtende und heilende Worte spreche.
Gott segne euer Herz,
dass es Wärme schenken und bergen kann.

Aus Lateinamerika

V. E. Borissow-Mussatow: Kuss, 1897 ▶

HAUSSEGEN

Gott segne die Wände deines Hauses,
die dich vor dem Wind
und vor der Angst schützen.
Er segne das Dach, das den Regen abwehrt
und alle Drohung.
Er segne den Fußboden,
der deinem Tritt Festigkeit gibt.
Er segne das Feuer in deinem Haus,
das dich bewahrt vor der Kälte
und vor der Verlassenheit.
Er segne deine Bank und deinen Tisch,
an dem du das Brot findest und den Wein.
Er segne deine Fenster
und sende dir viel Licht und freien Blick.
Er segne deine Tür,
er segne, liebe Freundin, lieber Freund,
dein Weggehen und dein Heimkommen
jeden Morgen, jeden Abend
heute und morgen und für immer.

Jörg Zink

P. Cézanne: Haus mit rotem Dach, 1887 ▶

SEGEN FÜR EIN FAMILIENFEST

Die Freundlichkeit Gottes
segne dieses Haus.
Das Lächeln des Himmels
sei über diesem Haus.
Die Güte des liebenden Gottes
sei in diesem Haus.

Hans Wallhof nach einem
Haussegen aus Schlesien

A. Macke: Rotes Haus im Park, 1914 ▶

KRANKENSEGEN

Der Herr segne und behüte dich.
Er lasse sein Angesicht über dir leuchten
und schenke dir seinen Frieden.

Er erfülle dich mit seiner Liebe.
Er sei in dir als die Quelle, die nie versiegt.
Er sei unter dir als die Hand, die dich hält.
Er sei über dir als ein schützendes Dach,
das alles Bedrohliche von dir abhält.

Er sei in deiner Schwäche und in deiner Kraft,
in deiner Ohnmacht und in deiner Hoffnung.
Er sei mit dir, wohin dein Weg auch geht.
Er durchdringe dein Herz mit seiner zärtlichen Liebe.
Amen

Anselm Grün

León, Colegiata de San Isidoro: Die Hand Gottes, 1175 ▶

SEGEN AUF DEM WEG

Lass mich langsamer gehen, Gott,
entlaste das eilige Schlagen meines Herzens
durch das Stillewerden meiner Seele.
Segne jeden Atemzug!

Lass mich langsamer gehen, Gott, und
lehre mich die Kunst des freien Augenblicks, um
– Blumen zu sehen,
– mit Freunden ein paar Worte zu wechseln,
– einen Hund zu streicheln,
– an dich zu denken …
Segne jeden Schritt.

Lass mich langsamer gehen, Gott,
dass ich meine Wurzeln tief in den ewigen Grund senke
und emporwachse zu meiner wahren Bestimmung.
Segne meinen Weg!

Aus Südafrika

H. Harder: Heidelandschaft, 1900 ▶

SEGEN IN UNGUTEN ZEITEN

Möge der Wind
dich liebkosen,
wenn du traurig bist,
die Sonne
dich umschmeicheln,
wenn es dir schlecht geht.
Möge der Regen
die Tränen aus deinem Gesicht waschen,
die du in verzweifelten Stunden weinst.

Aus Irland

K. F. Juon: Regenbogen, 1925 ▶

SEGEN DEN TRAUERNDEN

Gesegnet seien alle, die mir jetzt nicht ausweichen.
Dankbar bin ich für jeden, der mir einmal zulächelt und
mir seine Hand reicht, wenn ich mich verlassen fühle.

Gesegnet seien die, die mich immer noch besuchen,
obwohl sie Angst haben, etwas Falsches zu sagen.

Gesegnet seien alle, die mir erlauben,
von dem Verstorbenen zu sprechen.
Ich möchte meine Erinnerung nicht totschweigen.

Gesegnet seien alle, die mir zuhören,
auch wenn das, was ich zu sagen habe,
sehr schwer zu ertragen ist.

Gesegnet seien alle, die mich trösten und mir zusichern,
dass Gott mich nicht verlassen hat.

Berge uns, Gott, alle in deiner Hand,
nimm du dich unser an.
Bei dir finden wir alle ein Zuhause,
ob wir leben oder schon gestorben sind.

Quelle unbekannt

A. Dürer: Die betenden Hände, 1508 ▶

GESEGNET SEIEN ERDE UND HIMMEL

Der Traum, die Vision von einem neuen Himmel,
einer neuen Erde, reicht zurück bis zum Propheten Jesaja
im Alten Testament. Das Neue Testament schließt damit im
Buch der Offenbarung.
So lebt die Hoffnung fort durch alle Zeiten,
dass Erde und Himmel einander nahe kommen, sich berühren.
Jeder Segen ist eine solche »himmlische« Berührung, die sich
fortsetzt rund um den Globus und darüber hinaus überall hin,
wo Menschen einander Gutes sagen und wünschen.
Das nämlich ist die wortwörtliche Bedeutung von »segnen«:
Bene dicere (lat.) oder eulogein (griech.) =
gut sagen, loben, preisen.
Wo und wann immer es geschieht, öffnen Menschen ein Fenster,
eine Tür, dass Gottes Kraft hineinströmen kann in diese Welt
und in unser Zusammenleben:
Alles kann neu werden, Altes wird wieder jung,
Zerbrochenes wieder heil und ganz.

Norbert Weidinger

Buchmalerei: Das irdische Paradies, 1450 ▶

SEGEN AUS DER BIBEL

Gott sei uns gnädig und segne uns.
Er lasse über uns sein Angesicht leuchten,

damit auf Erden sein Weg erkannt wird und
unter allen Völkern sein Heil.

Die Völker sollen dir danken, o Gott,
danken sollen dir die Völker alle.

Das Land gab seinen Ertrag.
Es segne uns Gott, unser Gott.

Es segne uns Gott.
Alle Welt fürchte und ehre ihn.

Aus Psalm 67

P. Veronese: Gottvater, 1570 ▶

SEGNUNG DER ELEMENTE

Segen der guten Erde mit dir,
Segen des rauschenden Meeres mit dir,
Segen des singenden Windes mit dir,
Segen der fruchtbaren Bäume mit dir,
Segen des frischen Wassers mit dir,
Segen der unzähligen Sterne mit dir.
Siebenfacher Segen komme über dich
und über alles, was du liebst.

Aus Irland

M. Merian d. Ä.: Die Schöpfung, 1625 ▶

יהוה

SEGNE TANZ, MUSIK UND LACHEN

Der Herr segne dich.
Er erfülle deine Füße mit Tanz
und deine Arme mit Kraft.
Er erfülle dein Herz mit Zärtlichkeit
und deine Augen mit Lachen.
Er erfülle deine Ohren mit Musik
und deine Nase mit Wohlgerüchen.
Er erfülle deinen Mund mit Jubel
und dein Herz mit Freude.
Er schenke dir immer neu
die Gnade der Wüste:
Stille, frisches Wasser
und neue Hoffnung.
Er gebe uns allen immer neu
die Kraft,
der Hoffnung ein Gesicht zu geben.
Es segne dich der Herr.

Aus Afrika

A. Macke: Mädchen mit Pferd und Esel, 1914 ▶

SEGEN FÜR DIE VÖLKER

Im Namen des Friedens, der aus Gott ist,
sollen gesegnet sein
die Völker aller Rassen, die Menschen aller Länder.
Es sollen gesegnet sein Himmel und Erde,
Wolf und Lamm, Falke und Taube.
Es sollen gesegnet sein Freund und Feind,
damit sie Brüder und Schwestern werden.
Es sollen gesegnet sein Juden und Christen,
Moslems und Hindus, gläubige und ungläubige Menschen,
damit alle eins werden in Gott.
Es sollen gesegnet sein Unwissende und Weise
und gemeinsam die Weisheit Gottes rühmen.
Der Frieden Gottes sei mit uns allen,
wirklich allen, die den Namen Mensch tragen.

Norbert Weidinger

G. D. Tiepolo: Der Triumph des Friedens, 1749 ▶

SEGEN DES ALL-EINEN

Möge der,
welcher unser Vater
für die Christen ist,
Jahwe für die Juden,
Allah für die Moslems,
Buddha für die Buddhisten,
Brahma für die Hindus,
möge dieses allmächtige und allwissende Wesen,
das wir als Gott anerkennen,
den Menschen den Frieden geben
und unsere Herzen
in einer geistigen Geschwisterlichkeit vereinen
unter seinem Segen.

Aus Indien

Buchmalerei: Die Erde als Scheibe, 1450 ▶

Cy comence le xiij. livre
qui parle de leaue et de ses proprietes.

Reciaptes les proprietes
du feu et de lair. il est
temps que nous disons
maintenant de leaue
de ses autres aitant come il en appartient

Le premier chapitre
parle de leaue en general

pource quelle est egalle et unye. car elle
ne cesse onques de soy mouvoir tant q
est toute esgalle par dessus si come dit
ysidoire. ou xiij.e livre des ethimologies.
Leaue selon constantin est ung element

SEGEN DER ERDE

Gott, segne die Erde, auf der ich lebe!
Gott, segne den Weg, auf dem ich steh!
Segne all das, was ich erlebe,
segne das Ziel, zu dem ich geh!

Gott, segne die Lieben, die mich begleiten!
Gott, segne den Mund, der zu mir spricht!
Segne die Zeit für Kleinigkeiten,
segne mein Herz mit Zuversicht!

Gott segne die Sonne, den Mond, die Sterne!
Gott, segne den Tag und auch die Nacht!
Segne den Freund in weiter Ferne,
segne all das, was Freude macht!

Eckart Bücken

V. van Gogh: Mohnfeld, 1889 ▶

JÜDISCHER REISESEGEN

Herr, unser Gott und Gott unserer Väter,
möge es dein Wille sein, uns in Frieden zu leiten,
unsere Schritte auf den Weg des Friedens zu richten
und uns wohlbehalten zum Ziel unserer Reise zu führen.
Behüte uns vor aller Gefahr, die uns auf dem Weg droht.
Bewahre uns vor Unfall und vor Unglück,
das über die Welt Unruhe bringt.
Segne die Arbeit unserer Hände.
Lass uns Gnade und Barmherzigkeit vor deinen Augen finden;
Verständnis und Freundlichkeit bei allen,
die uns begegnen.
Höre auf die Stimme unseres Gebets.
Gepriesen bist du, o Gott,
der du unser Gebet erhörst.

Aus Israel

T. van Rysselberghe: Bei den Felsen von Per-Kiridec, 1889 ▶

GESEGNET DER TRAUM
VOM NEUEN HIMMEL, DER NEUEN ERDE

Dort gibt es keinen Säugling mehr, der nur wenige Tage lebt,
und keinen Greis, der nicht das volle Alter erreicht.
Wer als Hundertjähriger stirbt, gilt noch als jung.
Sie werden Häuser bauen und selbst darin wohnen,
sie werden Reben pflanzen und selbst ihre Früchte genießen.
Sie bauen nicht, damit ein anderer in ihrem Haus wohnt,
und sie pflanzen nicht, damit ein anderer die Früchte genießt.
In meinem Volk werden die Menschen so alt wie
die Bäume. Was meine Auserwählten mit eigenen Händen
erarbeitet haben, werden sie selber verbrauchen. Sie arbeiten
nicht mehr vergebens, sie bringen nicht Kinder zur Welt für
einen jähen Tod. Denn sie sind die Nachkommen der vom
Herrn Gesegneten und ihre Sprösslinge zusammen mit ihnen.

Nach Jes 65, 20–23

Rom, Palazzo Barberini: Die göttliche Weisheit, 1630 ▶

Der Herausgeber

Der promovierte Theologe Norbert Weidinger ist Wissenschaftlicher Referent im Religionspädagogischen Zentrum in Bayern sowie Lehrbeauftragter an der Universität München. Er beschäftigt sich schwerpunktmäßig mit Gebetserziehung, Meditation und religiösen Symbolen. Norbert Weidinger ist Vater von zwei erwachsenen Söhnen. Er lebt mit seiner Frau in der Nähe von München.

Weltbild Buchverlag
–Originalausgaben–

3., korr. Auflage 2005

Projektleitung: Julia Kotzschmar
Layout: X-Design, München
Umschlagabbildung: akg-images
(Erich Lessing)
Umschlaggestaltung: Sabine Novotny, München
Satz: Lydia Koch, Augsburg
Reproduktion: Point of Media GmbH, Augsburg
Druck und Bindung: Offizin Andersen Nexö Leipzig GmbH, Spengerallee 26–30, 04442 Zwenkau

Gedruckt auf chlorfrei gebleichtem Papier

Printed in Germany

ISBN 3-89897-023-X

Bildnachweis

akg-images: 3, 7, 9, 11, 13, 15, 17, 21, 23, 27, 29, 31, 37, 43, 47, 51, 55, 61, 63, 65, 67, 71, 73; akg-images/Orsi Battaglini: 19; akg-images/Cameraphoto: 69; akg-images/Andrea Jemolo: 53; akg-images/Erich Lessing: 25, 33, 35, 49, 59; akg-images/Paula Modersohn-Becker Museum, Bremen: 39; akg-images/Pirozzi: 77; akg-images/Rabatti-Domingie: 5; akg-images/Sotheby's: 41, 75; akg-images/VG Bildkunst, Bonn 2004: 45, 57

Quellennachweis

Das Quellenverzeichnis wurde nach bestem Wissen und Gewissen erstellt. Sollten trotzdem Urheberrechte übersehen worden sein, ist der Verlag selbstverständlich zur Nachhonorierung bereit. Die Rechte für die Texte auf den angegebenen Seiten liegen bei folgenden Verlagen und Autoren, bei denen wir uns für die freundliche Erteilung der Abdruckgenehmigung bedanken:

2 Jörg Zink. Aus: Jörg Zink, Sei gesegnet jeden Tag. Gute Wünsche aus dem alten Irland (Auszug). Copyright © 2003 Verlag am Eschbach der Schwabenverlag AG, Eschbach/Markgräflerland, 8. Auflage

10 Jörg Zink. Aus: Jörg Zink, Sei gesegnet jeden Tag. Gute Wünsche aus dem alten Irland. Copyright © 2003 Verlag am Eschbach der Schwabenverlag AG, Eschbach/Markgräflerland, 8. Auflage

12 Jörg Zink. Aus: Jörg Zink, Wie wir beten können, Seite 75. Copyright © 1991 Kreuz Verlag, Stuttgart

16 Aus: Wolfgang Poeplau, Wir träumen die Lieder. Copyright © 1987 Peter Hammer Verlag, Wuppertal

22 Aus: Judith Rosen (Hg.), Schöne alte Segenswünsche. Copyright © 2003 Pattloch Verlag GmbH & Co. KG, München

26 Christa Spilling-Nöker. Aus: Gesegnetes Leben. Segensworte für den Tag, das Jahr und den Weg des Lebens. Copyright © 2004 Verlag am Eschbach der Schwabenverlag AG, Eschbach/Markgräflerland, 4. Auflage

32 Jörg Zink. Aus: Jörg Zink, Sei gesegnet jeden Tag. Gute Wünsche aus dem alten Irland. Copyright © 2003 Verlag am Eschbach der Schwabenverlag AG, Eschbach/Markgräflerland, 8. Auflage

36 Aus: Hermann Multhaupt (Hg.), Möge das Jahr dich mit seinen Geschenken beglücken. Segenswünsche aus Irland (gekürzter Text). Copyright © 2000 Matthias-Grünewald-Verlag, Mainz, 2. Auflage

38 Markus Thür. Aus: Begleitet von guten Mächten. Copyright © 2004 Verlag Herder, Freiburg im Breisgau

40 Andrea Schwarz. Aus: Andrea Schwarz, Und jeden Tag mehr leben (Auszug). Copyright © 2004 Verlag Herder, Freiburg im Breisgau, 2. Auflage

42 Aus: Begleitet von guten Mächten. Copyright © 2004 Verlag Herder, Freiburg im Breisgau

48 Jörg Zink. Aus: Gesegnetes Leben. Segensworte für den Tag, das Jahr und den Weg des Lebens (gekürzter Text). Copyright © 2004 Verlag am Eschbach der Schwabenverlag AG, Eschbach/Markgräflerland, 4. Auflage

50 Hans Wallhof. Aus: Gesegnetes Leben. Segensworte für den Tag, das Jahr und den Weg des Lebens, Seite 87. Copyright © 2004 Verlag am Eschbach der Schwabenverlag AG, Eschbach/Markgräflerland, 4. Auflage

52 Anselm Grün. Aus: Anselm Grün, Gestärkt von guten Mächten. Copyright © 1999 Kreuz Verlag, Stuttgart

56 Aus: Hermann Multhaupt (Hg.), Möge das Jahr dich mit seinen Geschenken beglücken. Segenswünsche aus Irland. Copyright © 2000 Matthias-Grünewald-Verlag, Mainz, 2. Auflage

72 Eckart Bücken. Aus: Weltsegenslieder. Copyright © KONTAKTE Musikverlag, 59557 Lippstadt

Stichwortverzeichnis